ELOGE
DE MICHEL
DE L'HÔPITAL,
CHANCELIER DE FRANCE.
DISCOURS

QUI A OBTENU LE SECOND *ACCESSIT* du Prix de l'Académie Françoise, en 1777.

Ici, Romains, va s'offrir à vous tout le développement de l'ame de Marc-Aurèle; l'enchaînement de ses idées, les principes sur lesquels il appuya sa vie morale.

(*Eloge de Marc-Aurèle*).

A PARIS,

Chez DEMONVILLE, Imprimeur de l'Académie Françoise, rue Saint Severin.

M. DCC. LXXVII.

ELOGE

DE MICHEL

DE L'HÔPITAL,

CHANCELIER DE FRANCE.

'EST une Loi de la constitution humaine, que celui qui ignore soit aux ordres de celui qui sait, & qu'une volonté ferme & constante subjugue tôt ou tard une volonté foible & incertaine. Dans tous les temps l'empire appartiendra au génie & au caractère [1]. Mais la Nature avare de ses dons, les réunit rarement sur un même

---

[1] Quoique le génie & le caractère n'obtiennent pas toujours l'empire, il leur appartient toujours : & ces qualités seules peuvent assurer aux hommes une supériorité réelle. Les Sociétés privées & publiques fournissent des preuves de cette vérité.

reproche pour un lâche; mais une ame généreuſe, loin de craindre la préſence d'un Héros, ſe ſent à ſon aſpect enflammée de ce feu divin qu'allume le Patriotiſme. Sous une Adminiſtration éclairée & vertueuſe, rappeler les inſtitutions qui ont illuſtré les ſiècles précédens, c'eſt ſervir le Souverain ; c'eſt ſuivre le vœu des hommes vertueux, c'eſt attaquer la molleſſe & la corruption qui craignent la réforme des mœurs & l'auſtérité des Lois; enfin, c'eſt dire au Gouvernement actuel ce qu'il a fait ou ce qu'il fera, du moins ce qu'il projette.

Cependant je proteſte au nom de l'honneur & de la vérité, mots ſacrés, ſerment national, je proteſte qu'en élevant une Statue au Chancelier DE L'HÔPITAL, je n'ai enviſagé que lui, & n'ai vu que le ſeizième ſiècle. Si quelque reſſemblance entre les hommes & les évènements fait porter les yeux ſur d'autres temps, c'eſt un effet inévitable, & c'eſt la leçon qu'a donné de tout temps l'Hiſtoire.

Au reſte, quiconque préſume aſſez de lui-même pour oſer commander à ſes ſemblables, doit comparoître ici pour admirer & pour s'inſtruire. Qu'il vienne contempler le Chancelier DE L'HÔPITAL, qu'il s'approche de lui, qu'il ſe meſure à ce grand Homme, & qu'enſuite il ſe juge lui-même : s'il rougit, je le plains & l'excuſe ; ſi ſa conſcience eſt muette, je le tiens pour le premier ou pour le dernier des hommes.

PREMIÈRE PARTIE.

Tous les genres de leçons se réunirent pour l'instruction du Chancelier DE L'HÔPITAL; le malheur qui force à réfléchir, les voyages qui font connoître l'humanité, l'étude qui joint au spectacle du monde actuel le spectacle du monde qui n'existe plus. Fils d'un Médecin d'Aigueperse qui suivit le Connétable de Bourbon dans sa défection, prisonnier à dix-huit ans, puni d'une faute qu'il n'avoit pas partagée, il apprit dès sa jeunesse quels sont les maux que causent l'injustice & l'oppression. L'Italie le vit errant & fugitif, cherchant les Sciences & les Arts, & bravant la fortune; & Rome commençoit à le connoître & cherchoit à le fixer, lorsqu'il se rendit à sa Patrie.

Il se montra d'abord dans cette milice de Jurisconsultes, Orateurs qui honorent les talens, en les employant à défendre l'innocence & la foiblesse. Bientôt il entra dans ce Sénat auguste, Conseil primitif de nos Rois, Juge essentiel de la Nation, & l'organe fidelle de ses plaintes. Il remplit religieusement les devoirs saints de la Magistrature; mais la discussion toujours renaissante d'intérêts particuliers, obscurs & minutieux, fatiguoit son ame, & ne satisfaisoit point son génie: tandis que ses occupations le ramenoient aux individus, il avoit toujours devant les yeux la Patrie, l'humanité, les malheurs & les erreurs de son siècle;

ſes forces ſans emploi, lui peſoient, & lui faiſoient éprouver cette eſpèce de douleur que ſent tout être gêné dans l'action à laquelle il eſt deſtiné [1].

Une carrière plus vaſte s'ouvrit; la Cour s'empara de L'HÔPITAL; il fut chargé de différentes commiſſions, le ſoin des Finances lui fut confié, il entra dans le Conſeil de nos Rois; enfin, une fille de François Ier. ſut le diſtinguer, & lui confia l'Adminiſtration de la Savoie: dans toutes ces Places il montra des mœurs auſtères, des vues grandes & profondes.

Dans les temps les plus malheureux de Rome, le deſtin de cette République lui donna Scipion; & les Contemporains de ce Héros, témoins de ſes premiers exploits, s'écrièrent: Rome a un vengeur, & la perte de Carthage eſt aſſurée [2]. Ainſi, pouvoit-on dire aux François du ſeizième ſiècle, au milieu de vos déſaſtres, il eſt né parmi vous un grand Homme; il s'élève, il ſe forme un génie qui ne détruira aucune Nation, mais qui ſauvera la vôtre: Fanatiques, ambitieux, tremblez, L'HÔPITAL exiſte, il vous voit; vos manœuvres, vos brigues, vos attentats, ſeront ſans effet, & l'Empire François ſubſiſtera.

Heureux le Souverain qui diſtingue, qui recherche & oſe employer la probité & les

---

[1] Le Chancelier DE L'HÔPITAL compare un Juge à un homme qui rouleroit toute la journée une pierre, qui le lendemain ſe trouveroit encore au bas du rocher.

[2] *Hic erit Scipio, qui in exitium Africæ creſcit.*

talens ! Leur majesté environne le Trône, & rend l'autorité sacrée. Le Chef de la Magistrature mourut ; le choix de son successeur pouvoit décider du sort du Royaume, & la Nation nommoit L'HÔPITAL : mais dans ces temps de foiblesse & d'avilissement, le mérite étoit sans force, l'intrigue disposoit des Places, on craignoit la vertu ; cependant l'Etat ébranlé avoit besoin d'un homme, & la crise des affaires força la Cour à être juste.

Lorsque je considère le Ministère de la Législation, la puissance qu'il confère, les vues qu'il exige, les devoirs qu'il impose, tout ce qu'entraînent ses sublimes & terribles fonctions, je suis saisi d'un sentiment de respect & d'effroi. Le Legislateur parle, & son opinion est présumée la vérité ; il commande, & sa volonté est reconnue pour le vœu de tous les individus : ce n'est pas à un seul homme qu'il ordonne, c'est à tous, c'est à leur réunion ; les intérêts, les mœurs, les droits, la fixation du juste & de l'injuste, les germes des vertus ou des vices, du malheur ou de la félicité publique, tout est en ses mains, tout dépend de ses principes : sa puissance ne se borne pas à une seule époque ; elle agit sur toutes, & tandis que l'existence de l'homme qui commande, & de celui qui obéit, est bornée à un petit nombre d'années, la Loi est éternelle [1].

---

[1] Style des Lois Françoises : *Notre présent Edit perpétuel & irrévocable.*

Mais par quel prodige, par quelle violence odieuſe, ou par quel art inconcevable ont pu s'établir le droit de commander & le devoir d'obéir? Eſt-ce un homme ambitieux qui le premier eut l'injuſtice & l'audace de dire à ſes ſemblables, obéiſſez? Sont-ce des lâches qui, dégradant eux-mêmes leur être, ſe dépouillèrent volontairement des prérogatives de l'humanité, & renoncèrent aux facultés de penſer & de vouloir? Critiques téméraires & ſacriléges, qui oſez attaquer ainſi les principes de tout pouvoir, & méconnoître la néceſſité des Lois, liſez les diſcours du Chancelier DE L'HÔPITAL, aux Parlemens, au Conſeil, aux Etats, & ſes Lois qui joignent la force de la conviction à celle de l'autorité: vous apprendrez à reſpecter les baſes inébranlables de toute Société, vous reconnoîtrez la néceſſité d'une volonté publique.

Telle eſt en effet la méchanceté de l'homme, que les notions internes & éternelles de l'équité ne ſuffiſent pas à ſa ſûreté : il a beſoin de Lois, de Légiſlateurs & de Magiſtrats; & il faut qu'un ordre poſitif, ſuppléant la voix de ſa conſcience, détermine ce qui eſt permis ou défendu [1]; il faut, s'il veut vivre dans l'état de Société, qu'il renonce au pouvoir que la nature lui a donné ſur lui-même, pour le tranſmettre à ſon ſemblable, & que pour éviter l'oppreſſion,

---

[1] Locke a dit que dans un Pays où il n'y auroit point de Lois, il n'y auroit point de véritable liberté.

il ſe mette dans la dépendance : mais cette dépendance ne peut offenſer l'ame la plus fière, puiſque dans toute forme de gouvernement, l'homme ſoumis à un pouvoir [1] dont il a conſenti l'exiſtence [2], peut & doit être libre [3]; & il n'eſt point de Société politique dont l'objet ne ſoit le bonheur des individus qui la compoſent [4]. Rois, Empereurs, Souverains, Magiſtrats de tous les Pays, voilà votre origine, & les titres de vos prérogatives ; le reſte eſt uſurpation & abus [5]. Contre cette Loi les pactes, les temps & les exemples ne ſont rien, & la

---

[1] Il eſt de principe que toute puiſſance vient de Dieu, *omnis poteſtas à Deo*, & c'eſt par l'ordre de la Divinité que le conſentement des Peuples fonde une puiſſance légitime.

[2] » Lequel Hugues fut Roi par vocation légitime, qui fut le » conſentement des Princes & Seigneurs, & du Peuple des trois » Ordres de France ». (Inſtitutions au Droit François. Coquille).

[3] » Si le Roi nous ôtoit la liberté, nous ſerions ſes Eſclaves ; il » ſeroit un oppreſſeur, & non un Prince légitime. » (Écrit du Chancelier DE L'HÔPITAL).

[4] » Tout le but, deſſein, projet & philoſophie d'un bon Roi, » ne doit être que l'utilité de ſon Peuple ; autrement, s'il veut tout » attirer à ſoi en façon d'une éponge, il faut, comme n'a guères » je diſois, qu'il ruine à la parfin ». (*Etienne Paquier*).

[5] » D'eſtimer que les Rois ſoient encore deſſus la raiſon (au moins comme l'entend le vulgaire, pour en trancher par où bon leur ſemble), » ceux qui ſous cette puiſſance leur voulurent ainſi ap» plaudire, au lieu de leur gratifier, dirent en un obſcur langage, » que les Rois n'étoient point hommes, mais lions, qui, par le » moyen de leurs forces, s'eſtimoient avoir commandement ſur les » hommes ». (*Etienne Paquier*).

Nature ne permet pas qu'on renonce à ses droits, ni qu'on prescrive contre elle [1].

C'est le Chancelier DE L'HÔPITAL qui fait retentir aux oreilles des Souverains ces vérités sacrées ; ses Lois en sont les monumens : c'est à cette époque qu'on voit les principes s'introduire dans notre Gouvernement, & que notre Nation peut se flatter d'avoir un Droit public ; c'est L'HÔPITAL qui, le premier en France, parut connoître les droits de l'humanité, l'objet & les limites de la Puissance [2], les devoirs des Sujets & ceux du Trône. Son plan de Législation est conçu dans une vue grande & respectable, le projet d'établir la liberté civile & politique, de rendre le Citoyen indépendant du Citoyen, & la Loi plus puissante que les hommes.

Mais de tous les problêmes que la Nature peut offrir à la sagacité humaine, peut-être le

---

[1] (Mémoire du Chancelier DE L'HÔPITAL). « Et y a-t il une » Loi au monde plus urgente que celle que la Nature apprend à un » chacun, à savoir que la tuition de la vie & de la liberté contre » l'oppression, est non-seulement licite, mais aussi juste, équitable » & sainte ? Cette Loi n'est point enseignée aux hommes, mais di- » vinement engravée en l'esprit de toute créature ».

[2] Discours du Chancelier DE L'HÔPITAL à l'Assemblée des Députés des Parlemens. (de Thou). « Il faut distinguer entre les Lois. » Il y en a auxquelles on ne peut déroger sans offenser Dieu, & » que par conséquent il n'est jamais permis d'enfreindre, parce » que leur inobservation seroit bientôt suivie du renversement en- » tier de l'Etat . . . Il y a d'autres Lois qui dépendent de la volonté » des Rois ».

plus compliqué, le plus difficile à résoudre, est l'invention d'une constitution telle, que la Puissance publique terrible pour celui qui trouble l'Etat, ne puisse alarmer quiconque en suit les Lois. Les hommes de tous les Pays & de tous les siècles se sont exercés sur cette grande question, la plus intéressante de toutes celles qui forment les objets de nos méditations: les moyens pris pour donner une grande action à l'Autorité souveraine, cet agent terrible & nécessaire de tous les Gouvernemens, mais en même temps pour élever des barrières contre ses invasions; ces moyens variés à l'infini, se rapportent à un petit nombre de principes simples & élémentaires; ils se réduisent à diviser la Puissance publique en diverses branches relatives à ses différens objets, les droits d'un individu par rapport à un autre, les droits d'un Citoyen par rapport à la Société; enfin, les droits de l'Etat par rapport aux autres Corps politiques: chacune de ces classes a été subdivisée en Puissance législative qui affecte la masse de la Société, & en Puissance exécutrice qui agit sur chaque individu: dans chacune de ces subdivisions on a encore distingué la faculté d'agir & la faculté de résister; & souvent dans la partie législative on a donné à la Puissance exécutrice une faculté de résistance, tandis que dans la partie exécutrice on a donné cette même faculté à la Puissance législative. Ainsi, toutes ces diverses branches d'autorité séparées, mais dépendantes, forment des contrepoids, réagissent l'une sur l'autre, ſe contiennent, ſe balancent, s'enchaînent réciproquement, & aſſurent la liberté politique.

Quelle multitude d'idées & de combinaiſons a dû réunir le Chancelier pour établir cet équilibre des pouvoirs; mais en même temps, quelle connoiſſance de l'humanité, des circonſtances, & d'une infinité de rapports, fut néceſſaire pour modifier ces principes! Ce grand Légiſlateur n'ignoroit pas que l'étendue de l'Empire, la force des Puiſſances voiſines, la nature du ſol découvert ou coupé par des montagnes, renfermé par des fleuves ou limité par la mer, le caractère national, les uſages, les mœurs, les goûts, les productions, les beſoins, le commerce & une multitude d'autres conſidérations doivent influer ſur le choix de la conſtitution, & ne permettent pas à tous les Etats de jouir d'un même degré de liberté. Sans doute il avoit reconnu que de toutes les formes de gouvernement, aucune neremplit parfaitement ſon objet; & que les meſures qui tendent à prévenir les excès de la Puiſſance publique, affoibliſſent ſon action, en ſorte qu'on eſt toujours placé entre l'abus & l'anéantiſſement du pouvoir: peut-être même penſa-t-il que le Pays où la liberté eſt au plus haut degré, n'eſt pas toujours celui où le Citoyen eſt le plus heureux; que dans un grand Etat les barrières contre l'autorité ſont néceſſairement inſuffiſantes, lorſque les Souverains ont de grandes qualités & de grands vices; & que ſouvent cette lutte perpétuelle du Peuple contre le Trône, ne sert qu'à fomenter des dissentions & produire le malheur public [1].

Dans l'art de combiner ces principes opposés, & d'adapter les diverses formes de constitutions aux Empires, l'Europe fournissoit alors peu de modèles. On n'avoit point encore une idée exacte d'un Gouvernement modéré, de ces modifications, de ces réserves qui tempèrent la Puissance souveraine [2]; le despotisme n'étoit contenu que par une tyrannie subalterne, & le résultat de presque toutes les constitutions informes & mal organisées, étoit l'anarchie & l'oppression du Peuple.

La France, au lieu d'un Droit public fixe & déterminé, ne connoissoit que quelques Règlemens dont les uns avoient perdu leurs forces, & sembloient avoir disparu avec les besoins du moment pour lesquels ils avoient été créés: d'autres qui subsistoient encore, ne statuoient que sur quelques points de notre constitution; en sorte que nos Lois inconséquentes, souvent même contradictoires, n'avoient point d'ensemble, & ne formoient point un Code national. Ce Royaume, qui pendant long-temps sembla ne compter pour ses Citoyens

---

[1] Réponses & Remontrances au Parlement de Paris sur l'Edit de la Majorité.

[2] L'Angleterre étoit l'Etat dont la constitution avoit fait le plus de progrès; cependant la Reine Elisabeth, dans ses Réponses au Parlement, prétendoit lui interdire la connoissance des affaires d'Etat.

que les Prêtres & les Soldats, avoit conservé du régime féodal des vestiges qui se confondoient avec tout genre de Puissance, quelquefois même avec la Souveraineté : c'étoit dans les débris de ce grand Edifice qu'on recherchoit les bases du Gouvernement; & lorsqu'il s'agissoit de décider de l'ordre public, ou l'on croyoit trouver dans les formules antiques les titres de la Nation & du Monarque, ou l'Etat empruntoit les Lois civiles, & les questions politiques étoient résolues d'après les Règlemens qui régissoient les possessions privées [1]; plus souvent encore on ne consultoit que les usages & les exemples, qui ne sont pas toujours les guides les moins sûrs de la foiblesse humaine [2]: mais comme il n'est point d'évènement dont on ne trouve des traces, rien n'étoit déterminé; le sort du Citoyen & les droits de la Souveraineté

[1] » Ils se sont imaginé mille absurdités, & fait des erreurs » grossières, dont celle-ci est la principale, qu'ils ont cru que cet » article de la Loi Salique régloit la succession héréditaire du Royaume » de France, ce qui n'est pas; car l'on voit que toutes les Lois » de ce Code ne parlent point, & ne se peuvent entendre de la » succession du Royaume, bien loin de la régler, mais traitent seu» lement de la succession des Particuliers. Cela est très-manifeste, » & d'autant plus que cet article est sous le titre *de allodiis*, c'est-à» dire, des biens patrimoniaux non-féodaux qui sont possédés par les » Particuliers ». (Dupuy, Traité des Droits du Roi).

[2] » Les Lois de la succession des Rois dépendent plus de l'an» cienne observance, que non pas de l'établissement par écrit: & » cette antiquité est de plus grand poids, & son origine incertaine » plus auguste & vénérable ». (Dupuy, Traité des Droits du Roi).

dépendoient

dépendoient de l'ambition, de l'habileté des Grands, de la force ou de la foiblesse des Rois. Cependant cette constitution si mal formée subsistoit depuis plus long-temps qu'aucune autre; l'amour des François pour leur Souverain avoit suppléé les Lois, & n'avoit pas même permis de s'apercevoir de leur insuffisance.

Pour donner à la France ce Code qui lui manquoit, L'HÔPITAL assembla la Nation, s'autorisa de son consentement, & la fit coopérer à la réforme de l'ordre public [1]; si cet ouvrage peut paroître imparfait & incomplet lorsqu'on l'aperçoit sous un point de vue général & abstrait, on doit être frappé d'admiration, lorsqu'on le considère relativement aux difficultés qu'on avoit à surmonter, aux formes auxquelles on étoit assujetti, aux Lois préexistantes qu'on devoit respecter, aux usages, aux abus même qui avoient un genre d'utilité, & qu'il n'étoit ni prudent ni possible de détruire.

Malgré tant d'obstacles, le Chancelier DE L'HÔPITAL établit un degré de liberté analogue à la forme du Gouvernement; les Lois acquirent une force indépendante de la force Militaire; le Trône reprit sa consistance, & la Nation sa vigueur; la Puissance judiciaire fut maintenue dans un genre d'inspection sur les Lois nou-

[1] Discours du Chancelier DE L'HÔPITAL aux Etats d'Orléans. (de Thou). « L'intention & la volonté de leurs Majestés, est que... » & que ce qui sera réglé de l'avis de tous les Ordres devienne une » Loi inviolable pour l'Etat ».

velles, & la Puiſſance légiſlative dans la faculté de réformer les Jugemens qui ſeroient en contradiction avec les Lois; les droits de chaque Ordre furent reconnus & limités [1]; le Clergé ceſſant d'être redoutable, fut dans la néceſſité de mériter le reſpect par ſes mœurs; la Nobleſſe confirmée dans ſes prérogatives, ſe vit obligée de les juſtifier en ſervant la Société qui la diſtinguoit; le Tiers-Etat tiré de l'oppreſſion, obtint une exiſtence indépendante des autres Ordres, & tant de ſages diſpoſitions furent cimentées par des Règlemens ſur les mœurs, dont l'inobſervation a peut-être entraîné le mépris & l'oubli de toutes les Lois. Enfin, le Chancelier fit pour la Nation ce qu'elle n'oſoit eſpérer, & ce que lui ſeul étoit capable de faire.

Peut-être l'éloge le plus éloquent de ce grand Homme ſeroit une ſimple lecture de ſes Ordonnances, de ſes Edits, de ſes Arrêts. La langue du génie eſt ſacrée; un reſpect religieux me fait craindre de le commenter, & je voudrois ici pouvoir expoſer à la vénération publique le texte même de ces Lois, leurs diſpoſitions ſimples & ſublimes, & leur ſtyle qui tire de ſon énergie antique un caractère de majeſté : forcé, pour rendre ſenſible la liaiſon des idées & l'enſemble des diſpoſitions, de décom-

[1] Diſcours du Chancelier DE L'HÔPITAL aux Etats d'Orléans. (de Thou). « Le remède le plus convenable à nos maux, eſt que » chacun rentre dans les bornes de ſa condition ».

poſer, claſſer & analyſer ces Lois, je laiſſerai du moins parler leur Auteur. C'eſt le Chancelier DE L'HÔPITAL qui va lui-mème développer ſes principes : écoutons ce digne Reſtaurateur de la Légiſlation Françoiſe.

Il dit aux Miniſtres de l'Egliſe : nul ne pourra déſormais renoncer aux droits & aux liens de la ſociété, nul ne pourra s'engager dans l'état Monaſtique, qu'il n'ait acquis l'âge fixé par les Lois pour diſpoſer de ſes biens & de ſa liberté [1]. L'Epiſcopat & même le Sacerdoce ſont des Magiſtratures Eccléſiaſtiques ; il faudra, pour y parvenir, un âge plus avancé [2]. Que les Evêques ſoient ſans ceſſe occupés de leurs fonctions, c'eſt leur devoir & leur gloire ; s'ils s'abſentent, que leurs revenus ſoient ſaiſis, qu'ils ſoient verſés dans le ſein du pauvre, & qu'une faute ſoit le principe d'un bienfait [3]. L'adminiſtration des Sacremens eſt ſainte, qu'elle ſoit gratuite [4]. Il n'eſt dû à Rome aucune rétribution pour des grâces ſpirituelles, que ce tribut ceſſe [5] ; vous n'en devez qu'à l'Etat, qui protege & défend vos poſſeſſions : vous contribuerez déſormais à ſes charges [6], & le pro-

---

[1] Ordonnance d'Orléans, art. 19, révoqué en 1579.

[2] Ordonnance d'Orléans, art. 1 & 12, révoqués en 1579.

(3] Ordonnance d'Orléans, art. 5 ; & Lettres-Patentes de 1561.

[4] Ordonnance d'Orléans, art. 15.

[5] Ordonnance d'Orléans, art, 2 ; abolition des Annates. Elles ont été rétablies depuis.

[6] 1562, Mai, Lettres-Patentes ; 1562, Novembre, Edit ; 1563, Janvier, Déclaration ; 1563, Février, Edit ; 1564, Juillet, Edit ;

duit de vos biens ne sera plus un mystère [1].

Que les Magistrats éclairent l'Autorité Royale & ne la combattent jamais ; lorsqu'après les avoir entendus, le Souverain fait connoître ses volontés, leur premier devoir est d'obéir [2] : chargés de faire exécuter les Lois, qu'ils ne se permettent point de les interprêter ou de les étendre [3] ; le Juge qui défend ce que la Loi n'a pas défendu, s'érige en Législateur, & devient un despote. Pour prévenir l'exorbitance de la puissance judiciaire, il faut que ce pouvoir & la force coactive ne soient plus dans les mêmes mains, & la liberté politique exige qu'il existe entre ces deux fonctions un mur de séparation éternelle [4].

Cette multitude d'Offices, ces fonctions publiques créées sans objet, aliénées sans pudeur, & données sans choix, obstruent l'Administration, & font la honte de l'Etat ; que cet édifice

---

1564, 13 Août, Lettres-Patentes ; 1564, 10 Septembre, Lettres-Patentes ; 1564, 29 Décembre, Déclaration.

[1] 1561, Lettres-Patentes, ordonnent que le Clergé donnera une déclaration de ses biens. Ces Lettres ont été révoquées depuis.

[2] Ordonnance de Moulins, & Déclaration interprétative du 15 Décembre 1566.

[3] « Vous cuidés être plus sages que le Roi, & estimés tant vos » Arrêts, que les mettés pardessus les Ordonnances que vous inter» prêtés comme il vous plaît. J'ai cet honneur de lui être Chef de » la Justice, mais je serois bien marri de lui faire une interprêta» tion de ses Ordonnances de moi-même, & sans lui communi» quer ». (Discours du Chancelier DE L'HÔPITAL au Parlement de Bordeaux).

[4] Ordonnance d'Orléans, art. 48.

monſtrueux diſparoiſſe : Louis XII fut juſte, il aima le Peuple ; ſon règne eſt un grand exemple, c'eſt l'époque qui doit fixer la Légiſlation ; que tout ce qui a ſuivi ſoit annullé : cependant que nul ne ſoit privé de ſon état, & que la révolution des temps opère le bonheur public, ſans que ce bonheur ſoit acheté par la ruine des particuliers [1].

Citoyens diſtingués, qui, par les ſervices de vos pères, avez acquis des droits à la reconnoiſſance de l'Etat, ces droits vous ſeront conſervés ; l'honneur de commander vous appartient, & il ſera le partage de votre Ordre (2) ; les dignités vous attendent, mais vous n'y parviendrez que lorſque vous aurez joint une gloire perſonnelle à celle que vous tenez de votre origine [3] :

---

[1] Art. 30, Ordonnance d'Orléans. « Par Edit perpétuel & irrévocable, dès maintenant comme pour lors, quand vacation adviendra, avons ſupprimé tous Offices de Judicature & de Finance, & tous autres créés & érigés pour quelque cauſe ou occaſion que ce ſoit, depuis le règne & décès de notre très-honoré Seigneur & Biſaïeul le Roi Louis XII, juſqu'à ce qu'ils ſoient réduits à tel état & nombre qu'ils étoient lors, & au temps dudit décès, ſans que nous & nos Succeſſeurs à la Couronne y puiſſions pourvoir.

[2] Ordonnance d'Orléans, art. 114. « Nul ne ſera reçu aux Compagnies d'Hommes d'Armes, qu'il ne ſoit de la qualité requiſe.

[3] Lettres-Patentes du 6 Août 1563. « Et afin qu'aucuns Gentilshommes ne puiſſent eſpérer ni prétendre d'entrer auſſi ès Etats de notre Maiſon, ſoit de Gentilhomme de notre Chambre, Gentilhomme ſervant, ou de notre Hôtel, avant qu'il en ſoit capable, ou pour le moins ait mérité quelque choſe en notre ſer-

les honneurs, cette monnoie de l'Etat, destinée à payer des sacrifices inappréciables, ne seront plus prodigués ni réunis sur une même tête; un seul titre, un seul Office forme une preuve de la satisfaction du Prince, & il doit suffire à l'ambition [1]; désormais les grâces ne seront que des récompenses, & dans leur distribution, la France reconnoîtra des actes de justice [2].

François, voulez-vous être libres & heureux? ayez des mœurs; les mœurs assurent l'exécution des Lois, ou même les suppléent, & les Lois doivent créer les mœurs. Je vous défends la magnificence des habits [3] & la somptuosité des festins [4]; je ne vous permettrois pas le luxe, même s'il n'y avoit plus de pauvres à secourir: que toute votre conduite, toutes vos actions soient réglées par les Lois; que vos plaisirs même soient soumis à leur inspection, ou que du moins

---

» vice: ordonnons qu'aucun n'y pourra être admis ni reçu que » premièrement il n'ait été nourri en nos Ordonnances, & nous ait » servi l'espace de quarante ans pour le moins ».

[1] Ordonnance d'Orléans, art. 113. « Et afin que les Gentils- » hommes & autres se puissent ressentir de nos libéralités & bienfaits, » & être employés à notre service, ne voulons qu'aucun puisse être » pourvu ci-après de deux Capitaineries, ni tenir en notre Hôtel & » Maison deux Offices & Charges ».

[2] Ordonnance d'Orléans, art. 113. « Et seront préférés à tous » autres les Gentilshommes expérimentés qui nous auront fait service, » ou à nos Prédécesseurs ».

[3] 1561, 22 Avril, Lettres-Patentes; 1563, Janvier, Ordonnance; 1567, 25 Mars, Ordonnance.

[4] 1563, 20 Janvier, Ordonnance; & 1565, 20 Février, Lettres-Patentes.

le vice se cache [1]. Qui manque à un devoir est prêt de manquer à tous, & le nerf de l'Etat est attaqué, quand la honte est un frein inutile. Cessez de vous livrer à des amusemens & à des jeux frivoles [2]; je vous défends sur-tout ceux que l'intérêt seul anime, & où la jeunesse familiarise son ame avec l'appât du gain [3].

Quittons ces détails, quoique nécessaires à l'ordre public, pour porter nos regards sur le Trône : malheur à qui flatte les Rois & anéantit à leurs yeux les Nations, pour ne leur montrer qu'eux-mêmes ; malheur à qui flatte le Peuple, détruit la confiance entre le Prince & ses Sujets, &, sous le nom de la liberté, conduit à l'indépendance; enfin, malheur à qui livre à l'indiscrétion du vulgaire & à l'inquiétude des esprits, ces grandes questions que la prudence a cachées dans les ombres des mystères politiques! Cependant notre Nation ne doit pas ignorer que ses Souverains voient sans regret les limites de leur puissance, lorsqu'une plus grande étendue ne pourroit tourner qu'au détriment de l'Etat; & les Monarques François reconnoissent qu'il est de leur gloire, de ne pouvoir ce qui n'est ni juste ni utile [4]. Animés par ces motifs, ils

---

[1] Ordonnance d'Orléans, art. 101 ; & Lettres-Patentes du 12 Février 1565.

[2] Ordonnance d'Orléans, art. . . . . défenses des Brelans, Jeux de Quilles & de Dés.

[3] Ordonnance de Moulins, art. 59.

[4] « Sa Majesté veut avoir une puissance souveraine & infinie à » bien faire; mais quant à dispenser ou lâcher la bride aux choses

renoncent à la prérogative barbare d'exiger une obéiſſance aveugle, & de ſouſtraire leurs ordres aux regards de la Juſtice [1]. Conſidérant le Domaine Royal comme la baſe de la richeſſe publique [2], ils lui impriment un caractère ineffaçable [3]; ils s'interdiſent la faculté de l'aliéner, & veulent que la néceſſité ſeule puiſſe contraindre à l'engager [4]: que s'il échappe à l'autorité des ordres contraires à ces principes, ils peuvent être méconnus, & l'obéiſſance ceſſe d'être un devoir [5].

Lorſque l'inſuffiſance de ce patrimoine de l'Etat & le malheur des temps obligent de recourir à des reſſources extraordinaires, la Nation raſſemblée doit conſulter ſon zèle & ſes forces; c'eſt à elle qu'il appartient de régler la répartition des contributions entre les trois Ordres, & la voix du Peuple ne doit point être étouffée par les voix réunies de la No-

» bien ordonnées, elle conſent que ſon pouvoir & ſon autorité ſoient » limités ». (Diſcours de M. de la Gueſle, Procureur Général, aux Etats de Blois).

[1] Ordonnance de Moulins ſur la Juſtice, 1566, art. 81.

[2] Préambule de l'Ordonnance ſur le Domaine, 1566.

[3] Ordonnance de 1566, art. 2.

[4] Ordonnance de 1566, art. premier.

[5] Ordonnance de 1566, art. 5. « Défendons à nos Cours de » Parlement & Chambre des Comptes d'avoir aucun égard aux » Lettres-Patentes contenant aliénation de notre Domaine, & fruits » d'icelui, hors les cas ſuſdits, pour quelque cauſe & temps que » ce ſoit, encore que ce fût pour un an, & leur eſt inhibé de pro- » céder à l'entérinement & vérification d'icelles, &c.

blesse & du Clergé [1]. L'ame de ces différens Corps est le Monarque : cet être politique, immortel malgré le changement des individus, toujours souverain malgré la foiblesse de l'âge, ne voit suspendre l'exercice de son pouvoir que par la nécessité la plus absolue ; & des vues politiques, destructives de l'ordre de la Nature, exigent qu'à treize ans & un jour, un enfant ait le droit d'ordonner à tout un Peuple [2].

Après avoir réglé les grands intérêts de la Société, le Législateur ne perd pas de vue les droits de l'individu. Il connoît l'humanité ; une sage défiance le détermine à s'en rapporter, sur la vérité des faits, à des monumens, témoins inanimés des conventions, plutôt qu'à des asser-

---

[1] Ordonnance d'Orléans, art. 153. « En toute Assemblée d'Etats » Généraux, on se fera octroi de deniers ; les trois Etats s'accorde- » ront de leur cotte-part & portion que chacun desdits Etats portera, » & ne le pourront le Clergé & la Noblesse seuls, comme faisant la » plus grande partie ».

[2] Discours du Chancelier DE L'HÔPITAL au Lit de Justice à Rouen, où le Roi fit déclarer sa majorité. [de Thou). » Nos An- » cêtres ont fait deux Règlemens bien sages ; le premier, qu'après » la mort du Roi, pour prévenir les troubles & les factions, il » n'y auroit aucune interruption dans la succession, aucun inter- » règne, & que le vif saisiroit le mort ; le second, que si le succes- » seur légitime de la Couronne se trouvoit en majorité, il seroit » déclaré majeur & capable de gouverner son Royaume, aussi-tôt » qu'il auroit atteint la quatorzième année de son âge. . . . Pour la » Royauté, ainsi que pour les Dignités, les Charges & les Emplois » publics, les années commencées passent pour des années accom- » plies ».

tions que falsifient l'erreur & la cupidité [1]. Il rend communes à tout le Royaume les sages coutumes de quelques Provinces, & restreint les droits successifs de la maternité ; en sorte que sous aucun aspect, la perte des enfans ne puisse être considérée que comme un malheur [2]. Il limite les dispositions immodérées, fruits d'un second hymen, & accorde la préférence aux droits de la Nature, sur ceux que peuvent donner les passions [3]. Balançant les intérêts de la Noblesse & ceux de la culture & du commerce, il permet que des propriétés soient affectées à une famille pendant plusieurs générations ; mais il ne veut pas que la volonté d'un homme qui n'est plus, forme une gêne éternelle pour ceux qui lui survivent [4].

La lumière perce, les abus sont réformés ; les établissemens les plus sages prennent naissance : ce droit barbare & inconséquent, qui traite l'étranger comme l'ennemi [5], & emploie la puissance de l'Etat pour empêcher l'augmentation de cette même puissance ; le droit d'Aubaine, alors révéré de tous les Jurisconsultes, reçoit la première des attaques, qu'ont depuis multiplié la raison, la politique & l'hu-

[1] Ordonnance d'Orléans, art. 84.

[2] Edit des Mères, Mai 1567.

[3] Edit des secondes Noces, 1560.

[4] Ordonnance d'Orléans, art. 59 ; & Ordonnance de Moulins, article 57.

[5] L'Aubain à la mort est traité comme l'Esclave.

manité [1]. Des Lois nouvelles font naître & protégent le Commerce ; une Jurifdiction particulière & expéditive eft créée en fa faveur, & les Commerçants trouvent leurs Juges parmi leurs Pairs [2]. Les différends terminés par des conventions ne peuvent jamais renaître ; & ces actes d'une volonté particulière reçoivent, pour le bien de la paix, la force de l'autorité fouveraine [3] : enfin, dans les formalités où le Plaideur qui fouffre & l'innocent accufé ne voient que les délais d'un Jugement, le Légiflateur trouve des remparts contre l'injuftice; l'inftruction judiciaire prend une forme analogue au procédé mathématique, & les abus du pouvoir juridique font prévenus par la difcipline à laquelle les Tribunaux font affujettis [4] ;

[1] Lettres-Patentes du 5 Février 1566 à Moulins. Les Habitans de la Savoie, nés dans ce Pays, qui fe font établis en France, & n'ont point retourné en Savoie depuis que cette Province ne fait plus partie du Royaume, font réputés François.

[2] Edit de Novembre 1563, création des Juge-Confuls.

[3] Ordonnance de 1560, Août ; & 1561, Avril. « Avons par » ces Préfentes authorifé, confirmons & authorifons toutes tranfac- » tions, qui fans dol & force, font faites & paffées entre nos Su- » jets majeurs dans les chofes qui font en leur commerce & difpofi- » tion. Voulons & nous plaît que contre icelles nul ne foit après reçû » fous prétexte de lézion d'outre-moitié du jufte prix, ou autre » plus grande quelconque, ou ce qu'on dit en latin *dolus re ipfâ :* » mais que les Juges à l'entrée du Jugement, s'il n'y a autre chofe » alleguée contre icelle tranfaction, déboutent les impétrans des Let- » tres, & de l'effet & entérinement d'icelles, & les déclarent non- » recevables ».

[4] Ordonnance de Moulins, Janvier 1563, Novembre 1563, & Janvier 1566.

le Guerrier même, dans ses désordres, reçoit le frein des Lois, & apprend à connoître des Juges [1].

Rien n'échappe aux travaux & au zèle de L'HÔPITAL : la formation des corps politiques & l'expression de leur vœu [2] ; la suppression des priviléges qui donnent des bornes à l'industrie [3] ; la distinction dans le commerce avec l'Etranger, des matières premières ou fabriquées [4] ; le titre, l'assiette, la répartition, la perception des impôts [5] ; les limites de l'empire que la richesse a sur la pauvreté [6] ; les droits de l'indigence [7] ; enfin, la fixation du calcul, & de l'évaluation des temps [8]. Lorsqu'on se représente cette multitude de Lois & de Règlemens, leur ensemble, la sagesse de leurs dispositions & la profondeur des vues qui les ont dictés ; on croit entendre la Divinité qui, du haut des Cieux, révèle aux Mortels les secrets de sa prudence, & leur dicte ses décrets éternels.

Et dans quel temps encore parurent ces chef-

---

[1] Ordonnance d'Août 1564, Règlement sur la Jurisdiction des Prévôts des Maréchaux.

[2] Déclaration du 15 Mars 1563.

[3] Vie du Chancelier DE L'HÔPITAL.

[4] Vie du Chancelier DE L'HÔPITAL.

[5] Ordonnance d'Orléans.

(6] 1565, 21 Février, Edit ; & 1567, 25 Mars, Lettres-Patentes.

[7] Ordonnance de 1566, art. 73, obligation de nourrir les Pauvres.

[8] Ordonnance de Roussillon.

d'œuvres de Légiſlation ? Heureux François, qui voyez aujourd'hui l'Etat tranquille & floriſſant; un Roi juſte, aimé, obéi; le Clergé ſage, éclairé, vertueux, prêchant l'humanité, reconnoiſſant que le premier de ſes devoirs eſt de ſecourir la miſère [1]; les Grands conſidérés & réduits à l'heureuſe impuiſſance de nuire; la génération exiſtante ne connoiſſant dans l'intérieur du Royaume le bruit des inſtrumens militaires que par des réjouiſſances; enfin, la population, la culture, les arts & le commerce parvenus au plus haut période où ils aient jamais été [2]: vous ne pouvez vous repréſenter quelle étoit alors la ſituation de la France.

Tous les principes d'autorité, d'ordre public & de ſubordination étoient confondus & oubliés: Rome mêlant les intérêts ſacrés aux intérêts profanes, diviſoit l'Europe afin de l'opprimer; & abuſant de l'ignorance des Peuples, elle affectoit l'empire, tandis que les Sectaires, témoins de l'abus de ſon pouvoir, en nioient l'exiſtence.

Le Gouvernement François ignorant ſa force & ſes droits, ſouffrant l'offenſe & la méritant, régnoit par des intrigues, s'aviliſſoit par des injuſtices: une Femme ambitieuſe & foible, ſuperſtitieuſe & impie, ſans mœurs & ſans prin-

---

[1] Liſez le Mandement de M. l'Evêque de Leſcar.

[2] Voyez les dénombremens, les relevés des naiſſances, mariages & ſépultures, les états de fabrication, d'importation & d'exportation.

cipes, avoit introduit dans l'Adminiſtration ces maximes étrangères & déteſtables, & le vice étoit ſur le Trône. Tous les Partis ſucceſſivement recherchés, flattés, abandonnés, trahis, l'art de tromper érigé en ſyſtême, les actions les plus noires transformées en coups d'état, avoient altéré les reſſorts de notre conſtitution; la foi publique n'exiſtoit plus, & le Souverain ne devoit un reſte d'autorité, qu'au choc & à l'oppoſition des factions.

Attentif à profiter de nos fautes & de nos malheurs, un Roi puiſſant & jaloux fomentoit nos diviſions, protégeoit la révolte & payoit des crimes.

Plus à craindre que Rome, Médicis & Philippe, le fanatiſme égaroit la Nation & la rendoit atroce; les Proteſtans long-temps opprimés, devinrent oppreſſeurs; les Miniſtres d'une Religion vraie & ſainte animèrent la fureur du Peuple, & les Tribunaux deſtinés à maintenir la paix, armèrent les Citoyens: tous les Corps, tous les Partis, toutes les Provinces partagèrent la démence & la fureur publique; les habitans d'une même Ville, d'un même lieu, les amis, les parens s'attaquèrent, & ſouvent le lit nuptial ne fut pas un aſile contre le meurtre [1].

---

[1] Diſcours du Chancelier DE L'HÔPITAL à l'Aſſemblée des Députés de tous les Parlemens de France, à Saint-Germain, en 1562. (de Thou). « Pour appaiſer les troubles qui ont commencé à Am- » boiſe, qui ſe ſont répandus dans tous les Etats, & dans toutes

Tels étoient le désordre & l'anarchie, que les différens Partis se vantoient également de défendre l'autorité Royale; & les Soldats, suivant aveuglement les desseins de leurs Chefs, ignoroient s'ils étoient armés pour ou contre leur Roi. La personne même de ce Prince fut en danger. A la porte de sa Capitale il fut attaqué par ses Sujets, & dut sa sûreté à des Etrangers [1]. Prisonnier dans son Palais, obligé d'obéir à ses Ministres, il ordonna qu'on le crût libre [2]; & la nécessité même de cette Déclaration en prouva la fausseté, & mit en évidence la foiblesse & la honte du Trône.

Au milieu de ces convulsions politiques, L'HOPITAL conçut qu'il étoit possible de sauver les Lois, & de se servir de l'excès même du désordre pour le réprimer. La même force de génie qui lui découvroit les moyens de soutenir l'autorité, lui fit connoître ce que permettoient les circonstances & ce qu'elles interdisoient, & lui fit distinguer les bornes du juste & du possible [3]. Le même Homme qui, d'une main

---

» les Provinces, & dont ni sexe ni âge n'est exempt, & qui ont » pénétré jusques dans les maisons particulières, & qui en altèrent la » paix.... ».

[1] « Charles IX, en revenant de Meaux à Paris, fut attaqué » par l'armée Protestante, & auroit été enlevé sans les Suisses qui » l'enfermèrent dans leurs bataillons, & couvrirent sa marche.

[2] « Le 7 d'Avril 1562, on publia dans Paris un Edit, par le» quel le Roi & la Reine sa mère déclaroient que le bruit de leur » captivité étoit faux & calomnieusement controuvé par le Prince de » Condé. (de Thou).

[3] Discours du Chancelier DE L'HÔPITAL à l'Assemblée des Dé-

hardie, avoit déchiré le voile impie dont la ſuperſtition couvroit la Divinité, & avoit arraché le poignard au fanatiſme, baiſſe le ſceptre devant l'autel. Lorſqu'il s'agit du dogme & des vérités éternelles, il s'arrête, il aſſemble les Maîtres de la foi [1], il reçoit d'eux des lumières, il demande des déciſions au Souverain Pontife [2], & il ſe ſoumet dans un ſilence reſpectueux au décret de l'Egliſe aſſemblée. Peut-être il ſe flattoit qu'il ſeroit poſſible de faire ceſſer, par l'empire de la raiſon, les diviſions malheureuſes [3] qui ont fait perdre à Rome tant de Chrétiens vertueux; peut-être ſa confiance dans le caractère national lui fit préſumer que la paſſion du bien public l'emporteroit ſur toute autre affection. « N'ayons » point, dit-il aux Etats aſſemblés, la témérité » de venger le Ciel, & que tout homme qui ſuit » les Lois ſoit notre frère & vive heureux [4];

putés du Parlement. (de Thou). « Je me ſouviens à ce ſujet d'avoir » lu que Cicéron blâmoit beaucoup Caton de ce que vivant dans un » ſiècle très-corrompu, il étoit auſſi ſévère & auſſi rigide dans ſes » ſentimens & dans ſes avis, que s'il eût été dans la République de » Platon ».

[1] Colloque de Poiſſy.

[2] Lettre de la Reine Catherine de Médicis au Pape.

[3] Voyez Grotius, & la Négociation de 1691.

[4] Diſcours du Chancelier DE L'HÔPITAL à l'Aſſemblée des Députés du Parlement. (de Thou). « Il ne s'agit pas de régler la Foi, » mais de régler l'Etat; en effet pluſieurs peuvent être Citoyens qui » ne ſont nullement Chrétiens, & en ſe ſéparant de l'Egliſe, on ne » laiſſe par d'être bon Sujet du Roi: nous pouvons vivre en paix

» Chrétiens

» Chrétiens, François, Parens, Amis, Concitoyens, nous ne devons avoir qu'un même nom, un même esprit, un même objet, celui de relever cet Empire autrefois respecté, maintenant avili & méprisé [1] ».

L'honneur, ce mot de ralliement pour notre Nation, se fit entendre en vain ; pour la première fois, peut-être, le François fut sourd à sa voix : ce prodige honteux étoit réservé au fanatisme; & le Chancelier, rougissant pour son siècle & pour sa Patrie, saisit le seul moyen qui restoit à l'autorité pour prévenir les derniers excès. La Législation connut une condescendance politique, & la France vit les droits du Trône, ceux des Jurisdictions, & le sort des Religionnaires, varier selon les craintes ou la sécurité de la Cour [2].

Si quelques esprits austères, étrangers à l'administration, au monde & aux affaires, présu-

---

» avec ceux qui n'exercent pas les mêmes cérémonies & les mêmes » usages ». On doit observer que ce Discours est antérieur au Concile de Trente, & aux Règlemens qui, en France, ont fait de l'unité de Religion une Loi nationale.

[1] Abrégé chronologique de Mezeray, Historiographe de France. » Le Chancelier exhorta fort de bannir les noms injurieux de Luthériens, de Huguenots, de Papaux, & pria chacun de déposer toute » haine, & de n'avoir point d'autre passion que celle du bien public, » dans lequel étoit contenu celui des Particuliers.

[2] Voyez les Edits & Ordonnances de 1560, Mai; 1560, 20 Novembre; 1561, 17 Janvier; 1561, 14 Février; 1561, 21 Avril; 1563, 18 Juin; 1563, 16 Août; 1563, 14 Décembre; 1564, 14 Juin; 1564, 4 Août; 1564, 5 Septembre; 1564, 29 Décembre.

ment que le génie peut lutter contre tous les évènemens ; s'ils désapprouvent cet art nécessaire dans le régime politique, de chercher des ressources dans les délais, & de céder aux circonstances : qu'ils se placent dans ces temps où les batailles forçoient les déterminations du Gouvernement, & où le Soldat victorieux s'érigeoit en Rédacteur des Ordonnances de nos Rois ; peut-être la Loi qui dépouilla les Juges Royaux, & transmit aux Tribunaux Ecclésiastiques la connoissance exclusive des excès, des violences & de tous les crimes dont l'hérésie peut être le principe ou l'occasion, peut-être cette Loi qui porta la plus forte atteinte à l'ordre judiciaire, fut celle qui servit le plus essentiellement cet ordre même, & prévint de plus grands abus [1]. Que cet exemple apprenne au Peuple ignorant & présomptueux, au Peuple de tous les états, de toutes les classes & de tous les temps, à être plus réservé dans ses jugemens sur les oracles émanés du Trône, & qu'il craigne dans ses murmures imprudens d'accuser ses bienfaiteurs.

Cependant cette condescendance & ces égards cessèrent, lorsqu'on osa révoquer en doute l'autorité des Lois, & porter l'inexpérience d'un

---

[1] « Edit de Romorantin, qui attribue aux Evêques la connoissance du crime d'Hérésie, & l'interdit aux Cours de Parlement ; » on prétendoit que le Chancelier DE L'HÔPITAL n'avoit donné cet » Edit que pour éviter un plus grand mal, qui étoit l'établissement » de l'Inquisition. (Président Hénault).

jeune Prince à régner par la force, & à s'armer contre ses Sujets. Les auteurs de ces funestes idées rendirent au Défenseur de la Nation la justice de le craindre ; & sous prétexte de ses fonctions pacifiques & étrangères à l'art de la guerre, ils voulurent l'exclure des Conseils où se tramoit la destruction de l'humanité. Le Chancelier réclama le droit de sauver la Patrie : *Les hommes de mon état*, dit-il, *ne savent point faire la guerre, mais ils savent quand on doit la faire.* Qui pouvoit en effet mieux que L'HÔPITAL juger s'il est un degré de malheur public, qui autorise les Rois à donner à des Citoyens l'ordre affreux d'égorger leurs Concitoyens [1] ? Quel autre pouvoit mieux apprendre à son Maître que la vérité, la vertu, la justice, ont sur le cœur des hommes des droits imprescriptibles ? Quiconque sait régner ne se sert point du glaive pour se faire respecter. Lorsque les Princes sauront prévoir les malheurs, lorsqu'ils arrêteront le désordre dans son origine, lorsqu'ils seront justes, éclairés, conséquents, lorsque le bonheur des Peuples sera leur unique objet, les Peuples seront soumis [2]. Maximes simples & sages,

---

[1] Discours du Chancelier DE L'HÔPITAL à l'Assemblée de Saint-Germain. « Où le Roi prendra-t-il des Soldats ? parmi ses Sujets. Con-» tre qui les menera-t-il ? contre ses Sujets.

[2] « Les séditions viennent presque toutes de l'indignation que » conçoivent les hommes lorsqu'ils croient qu'on les méprise, du » ressentiment ou de la crainte de quelque injustice, de l'indigence,

vérités éternelles, règles immuables de l'Administration, le Chancelier ne put y soumettre des esprits foibles, des cœurs pervers; & convaincu qu'il n'étoit plus utile à la Patrie, il ne voulut pas autoriser des injustices par sa présence [1]. Les Rois doivent trembler lorsque l'homme de génie leur refuse ses conseils; L'HÔPITAL ne veille plus sur le sort de la France, déja j'entrevois un avenir affreux, & je frémis des malheurs qui vont accabler ma Patrie.

Nous voilà donc arrivés à la fin de l'Administration du Chancelier DE L'HÔPITAL; la plus belle époque de notre Droit public est passée. Depuis ce temps jusqu'au nôtre, quel vuide immense, quelle stérilité, quelle foiblesse dans la Législation! Deux siècles semblent s'être écoulés inutilement pour ce Royaume: que trouvons-nous pour remplir ce vuide? Des Règlemens utiles à la vérité, sages, profonds, mais qui se bornent à déterminer les formes de l'Ins-

---

» quelquefois même de l'oisiveté ». Discours du Chancelier DE L'HÔPITAL aux Etats d'Orléans. (de Thou).

[1] « J'ai fait tout ce qu'a voulu de moi l'amour de ma Patrie, » tant que j'ai pu me flatter de la pouvoir sauver de l'abîme dans » lequel je la voyois tomber: mais depuis que j'ai vu toute bonne foi, » toute pudeur, toute honnêteté bannies des lieux que j'habitois; » depuis que j'ai vu l'intérêt personnel être la seule règle de nos » tyrans; depuis que j'ai vu le Roi lui-même, subjugué par des » hommes cruels, j'ai cru devoir abandonner une Cour perfide, & » sauver du naufrage le peu qui me restoit ». Lettre du Chancelier DE L'HÔPITAL au Président de Thou).

truction judiciaire [1], celles des mutations de propriété [2], les Droits du Fisc [3] & ceux du Commerce [4]; quelques Institutions sur l'ordre public, mais limitées à des objets particuliers [5]; une seule Ordonnance générale [6],

---

[1] Ordonnance, Avril 1667, sur la Procédure Civile. Ordonnance, Août 1670, sur la Procédure Criminelle. Ordonnance, Août 1669, sur les Evocations. Ordonnance, Août 1637, sur le même objet. Ordonnance, Août 1737, sur le même objet. Ordonnance, Août 1737, sur les Règlemens de Juges. Ordonnance de Juillet 1737, sur le Faux, Principal, & Incident. Déclaration du 5 Février 1731, sur les Cas Prévôtaux & Présidiaux.

[2] Ordonnance de Février 1731, sur les Donations. Ordonnance d'Août 1735, sur les Testamens. Ordonnance d'Août 1747, sur les Substitutions.

[3] Edit de Mai 1749, établissement du Vingtième & d'une Caisse d'Amortissement. Ordonnance de Mars 1600, sur les Tailles. Ordonnance de Mai 1680, sur les Gabelles. Ordonnance de Juin 1680, sur les Droits d'Aides. Ordonnance de Juillet 1681, sur les Fermes. Edit de Septembre 1664, sur les Droits de Traite. Déclaration du 18 Avril 1667, sur les mêmes Droits. Ordonnance de Février 1687, sur les mêmes Droits.

[4] Ordonnance de Mars 1673, sur le Commerce.

[5] Edit de Nantes, 1598. Edit d'Octobre 1685, portant révocation du précédent. Edit de Melun, 1580. Edit de Janvier 1682, sur le Droit de Régale. Edit de Mars 1682, sur les quatre Propositions du Clergé. Edit d'Avril 1695, sur la Jurisdiction Ecclésiastique. Edit de Mars 1768, sur les Vœux en Religion. Edit d'Août 1749, sur les Acquisitions des Gens de Main-Morte. Déclaration de 1576, Préséance des Princes du Sang sur les Pairs. Edit de 1714, sur la Vocation à la Couronne. Déclaration de 1723, 5 Avril, sur les Princes Légitimés.

[6] Ordonnance de Blois, 1579.

& elle porte atteinte à plusieurs des Lois précédentes. Par quelle fatalité, tandis que les Sciences & les Arts ont prospéré, que l'esprit humain s'est développé, que toutes les Institutions sociales, la Police, la Finance, le Commerce, l'Art militaire, la Marine, la Politique se sont perfectionnées, le Droit public ne s'est-il point ressenti de cette impulsion générale, & a-t-il même à certains égards éprouvé quelque mouvement rétrograde ? Quel est donc cet Homme extraordinaire qui a laissé un si grand intervalle entre les siècles précédens & le sien, & un intervalle encore entre son siècle & ceux qui le suivent ? Quel est cet Homme qui semble avoir fixé les limites de notre Droit public, & qui pourroit dire encore aujourd'hui : nul de mes Compatriotes n'a mis la dernière main à mon Ouvrage ; ils n'ont pas même osé faire exécuter mes Lois, les vérités que je leur ai révélées les ont effrayés ? O vous ! dépositaires de la Puissance souveraine, vous qui depuis L'HÔPITAL jusqu'à nos jours, avez présidé aux destinées de la France, justifiez-vous, s'il est possible ; répondez-moi, répondez à un Citoyen, que ce titre autorise à vous interroger sur l'emploi de votre pouvoir & de son obéissance. Qu'avez-vous fait pour mes pères & pour moi ? Quels nouveaux avantages avez-vous remportés sur la superstition, l'impiété, les préjugés, la barbarie ? Avez-vous fixé l'existence des Ordres qui composent l'Etat, leurs prérogatives, toutes leurs relations avec la masse de la Société? Avez-vous cimenté la conſtitution de ce Royaume? répondez, vous ſur-tout, dont la main ſacrilége a tenté de renverſer les barrières élevées pour ma tranquillité: c'eſt vous que je dénonce à la Nation; l'étendue de cet Empire, ſa gloire, ſa richeſſe, ſa puiſſance augmentées, les Nations rivales réprimées, vaincues & ſoumiſes, ne ſuffiſent point pour vous excuſer à mes yeux; mon état de Citoyen, mes droits, mon bonheur, c'étoit-là votre principal objet: n'alléguez point les obſtacles qu'ont mis à votre zèle des intrigues, des cabales, des factions, des Rois foibles ou injuſtes, des évènemens malheureux, l'incertitude & la brièveté de votre adminiſtration; voyez L'HÔPITAL, les horreurs de ſon temps, le caractère de ſes Maîtres, la violence des partis, une adminiſtration de huit années troublée par des guerres étrangères ou inteſtines, & voyez les monumens qu'il a laiſſés. Si vous ne l'avez pas ſuivi, ſi vous n'avez pas pu, ſi vous n'avez pas oſé, pourquoi avez-vous gouverné?

Hommes illuſtres, bienfaiteurs de ma Patrie [1], pardonnez ſi je vous accable de l'exem-

---

[1] Ce ſeroit une eſpèce d'impiété qu'un homme qui parle des Lois à la fin du dix-huitième ſiècle, omît le nom de d'Agueſſeau: c'eſt un des plus beaux Génies, un des meilleurs Ecrivains; c'eſt le plus éclairé des Juriſconſultes & des Légiſlateurs, le plus ſage, le plus vertueux des Magiſtrats, peut-être le plus zélé des Citoyens qu'ait produit notre ſiècle. Nos citations prouvent combien lui doit notre Droit public: s'il eſt dans l'ordre des Légiſlateurs François

ple de l'Hôpital ; les fautes d'hommes tels que vous, sont la seule leçon qui puisse frapper vos successeurs : il faut leur apprendre qu'en vous imitant, ils n'auront pas rempli tous leurs devoirs, & qu'ils doivent porter leurs regards jusques sur votre Maître dans l'art de faire le bien de la Nation. O l'Hôpital ! je ne puis me lasser de te contempler : je viens d'admirer en toi le génie du Législateur & de l'Homme d'Etat ; l'ambition de te connoître me porte à m'élever jusqu'à ta grande ame, je vais sonder ton cœur & développer ton caractère.

DEUXIÈME PARTIE.

Tandis que l'ordre public & l'harmonie de la *Société* condamnent au silence ou à la monotonie ; tandis que les Lois, les usages, les bienséances, la subordination & une multitude de distinctions conventionnelles pèsent sur la tête des hommes, enchaînent, énervent, écrasent le caractère, & ne permettent que des vertus particulières & obscures, les grands Hommes peuvent rester ignorés : mais lorsqu'une Nation achète au prix de son bonheur & de sa tranquillité l'avantage de connoître ses Citoyens ; lorsque les discordes civiles ayant affoibli ou rompu les chaînes sociales, permettent à chaque individu de se produire, & de prétendre

---

un nom qui puisse balancer celui de l'Hôpital, c'est celui de d'Aguesseau.

à tout ce qu'il peut être, alors la nature agit & ſe développe; l'oppoſition d'homme à homme donne la meſure des forces, de l'audace & du talent; chacun prend le rang qui lui appartient: le lâche rampe, le foible cède à l'impulſion; une ame grande & forte s'élance, s'élève, & ſe porte où l'appelle le ſentiment de ſon énergie. Supérieur aux dignités, ſupérieur au génie même, un grand caractère exerce un pouvoir irréſiſtible ſur les volontés. A ſon aſpect, le Peuple croit voir un Maître, & au milieu du trouble & des fureurs, il les ſuſpend pour demander à cet Etre extraordinaire des ordres qui règlent ſes actions, & même ſes affections & ſes idées. C'eſt ainſi que le fils d'un Médecin d'Aigueperſe fixa ſur lui les regards de la France. Les Défenſeurs de la Patrie admirèrent un Homme courageux; les Sages, un ami des Lettres & de l'humanité, qui puiſoit dans ſes connoiſſances des principes de vertu: les Miniſtres, les Magiſtrats trouvèrent un grand exemple, la France un Citoyen qui ſauva l'Etat, & s'aſſura la voix de la renommée, en mépriſant la faveur populaire. Dans toutes les ſituations où le placèrent les diſcordes civiles & la révolution des évènemens, grand par lui-même; ſupérieur à ſa fortune, il eſt le modèle des hommes vertueux.

Le mépris de la mort, ce ſentiment exalté qui détruit la nature pour élever l'homme au-deſſus de lui-même, n'eſt point le partage excluſif d'une claſſe de Citoyens. Lorſque les grands intérêts de la Société sont compromis ; tout homme généreux brave les dangers, & sacrifie son existence. Ce genre de gloire appartient au Chancelier DE L'HÔPITAL ; au milieu des assassins, à la vue des poignards levés sur sa tête, il montra qu'aucun genre de courage ne lui étoit étranger, & qu'il ne cédoit point en intrépidité aux plus braves Guerriers. Guise, Montmorency, Coligny, Crillon, Héros du seizième siècle, vous ne rougirez point si je vous associe L'HÔPITAL ; peut-être même peut-il prétendre à des titres plus respectables encore que les honneurs dus à la valeur militaire.

Dans l'adversité, l'épreuve la plus forte du caractère, situation où l'homme vu à nud ne paroît que ce qu'il est, je découvre un autre genre de magnanimité ; j'admire un Ministre disgracié qui ne regrette rien, se suffit à lui-même, & retrouve avec délices cette liberté précieuse à tout homme qui pense, & dont on ne doit le sacrifice qu'à la certitude de servir la Patrie. La Cour étonnée l'avoit vu conserver au milieu du faste, la simplicité antique & noble [1] qui semble être la livrée de la vertu, & qui souvent en est le garant : dans la vie solitaire, ses mœurs, ses habitudes ne changèrent point ; affranchi du joug des affaires, il trouva des plaisirs nouveaux ; il jouit de la nature, de

---

[1] » Les repas du Chancelier DE L'HÔPITAL ne consistoient qu'en » un morceau de bouilli pour son dîner, & un morceau de rôti pour » son souper ». (Vie du Chancelier DE L'HÔPITAL).

ſa famille, de ſes amis, de ces ſentimens purs, les biens les plus précieux de l'humanité [1]; il jouit de lui-même, & connut le bonheur [2].

Vous, dont l'ardeur inquiète a beſoin de troubles, d'agitation & d'évènemens, voulez-vous ſavoir quel fut le principe de cette égalité d'ame & de cette indépendance de la fortune? portez vos regards ſur la claſſe d'Hommes qui cultivent les Lettres, vivez dans leur Société; partagez leurs goûts & leurs ſentimens; protec-

---

[1] (Lettre du Chancelier DE L'HÔPITAL à la Ducheſſe de Savoie). « Je vis ici comme faiſoit le vieux Laërte, en cultivant mon » champ, ſans avoir encore un ſeul inſtant regretté les biens que » j'ai perdus... Je vis au milieu d'une famille nombreuſe que j'aime; » j'ai des Livres, je lis, j'écris, je médite : je prends plaiſir aux jeux » de mes petits-enfans ».

[2] « J'ignorois qu'il y eût autant de charmes dans la vie & dans » les contemplations champêtres. J'ai vu blanchir mes cheveux avant » de connoître l'état dans leqnel je pouvois rencontrer le bonheur. » En vain la Nature m'avoit fait aimer le repos & l'oiſiveté; ja- » mais, je crois, je n'euſſe pu me livrer à ce penchant ſi doux, ſi » le Ciel lui même ne m'eût regardé d'un œil de pitié, & ne m'eût » débarraſſé des fers que peut-être ſans lui je n'aurois pu briſer. Que » ſi quelqu'un s'imagine que je me croyois heureux dans ce temps » où la fortune ſembloit s'être fixée près de moi, où les hommes » m'environnoient, où je diſpoſois de la faveur des Rois, & qu'à » préſent je me crois malheureux d'avoir perdu tous ces brillans » avantages; ah! que cet homme ignore bien le fond de mon cœur, » & juge mal des ſentimens qu'il éprouve : que s'il les connoiſſoit » mieux, il s'étonneroit que j'aie pu me réſoudre à vivre auſſi » long-temps dans un Pays ſi barbare, avec des hommes ſi mépri- » ſables, des cœurs ſi lâches, avec la lie de l'humanité ». Lettre du Chancelier DE L'HÔPITAL).

teur, rival, ami d'Amyot & de Ronſard, L'HÔPITAL avoit toujours chéri les titres qui le rapprochoient des Hommes de talent, & il lui étoit permis de ſe croire lié par une eſpèce de confraternité à tous ceux qui pouvoient prétendre au titre de grand Homme. Nul Ecrivain de ce ſiècle n'eut un ſtyle plus noble, plus ſimple, plus concis, plus énergique que celui de ſes Lois; nul n'égala l'éloquence de ces harangues où il attaque les vices de ſon ſiècle, les déſordres de la Magiſtrature, les injuſtices du Trône: il ne dédaigna pas même de donner à ſes penſées les grâces de l'harmonie; & ſes Vers dignes du ſiècle dont il adopta la langue [1], ſont les leçons d'un Philoſophe ſenſible: ils enſeignent aux hommes quels ſont les dangers du plaiſir [2], la honte du luxe & de la molleſſe [3] & l'horreur de la débauche [4]; quel eſt le faux éclat des conquêtes [5], & quelle eſt la prééminence des grands talens ſur les grandes dignités [6]: malheur à qui lit ces

---

[1] Il eſt triſte qu'une Langue étrangère ait enlevé ces Ouvrages à la nôtre: mais dans ce ſiècle on croyoit encore que la Raiſon, l'Eloquence & la Philoſophie, ne pouvoient avoir une autre Langue que celle de Cicéron & de Virgile, & il avoit fallu une Loi pour que les Tribunaux François adoptaſſent l'idiome de la Nation.

[2] *Næ tu inter ludos choreaſque, ſepultus amore*
Fœmineo, perdis pulchrum hoc & nobile Regnum.

[3] *Infirmos artus & membra fluentia luxu.*

[4] *Matronis adeò pudor omnis fronte receſſit.*

[5] *Nec tam fortis amet dici quàm juſtus, & armis*
Parta per humanas fugiat cognomina cædes.

[6] *Majeſtas adeò Virtuti Regia cedit.*

Vers ſans être ſenſible au plaiſir de méditer, & à cette volupté littéraire, qui porte à concentrer ſon exiſtence en ſoi-même [1]!

Mais le Chancelier DE L'HÔPITAL dut aux Lettres plus que les jouiſſances de l'eſprit, plus que des connoiſſances, plus même que le bonheur; il leur dut ſes vertus & ſon caractère. Que ne puis-je ici mettre en évidence la liaiſon des grandes penſées avec les grandes actions! Que ne puis-je m'ériger en Hiſtorien de l'ame, & faire voir, dans tous les temps, l'héroïſme inſpirant le génie, & le génie créant les Héros! Peut-être la recherche du principe de cette relation nous découvriroit par quelle ſingularité les mêmes ſiècles ont produit les grands Hommes dans tous les genres.

Cette ſcience élémentaire qui dirige toutes nos connoiſſances, ce premier principe des vertus morales, l'art de penſer, dont peut-être on a ſouvent abuſé, mais que plus ſouvent encore le Peuple a calomnié; la Philoſophie, inconnue alors en France, éleva l'ame du Chancelier DE L'HÔPITAL, le préſerva des égaremens de ſes Contemporains, & y ſubſtitua l'indul-

---

[1] *O miſeri, quibus eſt nunquam Parnaſſia rupes*
Trita pedum plantis, qui nunquam è fonte bibiſtis
Caſtalio, quorum ſtupidas inſcitia mentes
Detinet; ô ſi quàm liquida & quàm ſuavis ab illo
Manet aqua in venas, & Vatum pura ſciatis
Pectora, deſipere haud noſmet pueroſve putetis
Bis fieri, non tot ſine causâ ſcribere Verſus;
Otia veſtra meis nunquam potiora feratis.

gence pour les fautes & les erreurs de l'humanité : sentimens qui forment également la base, & du véritable esprit philosophique, & du bonheur des Peuples.

Il faut, pour gouverner les vivans, interroger les morts ; franchir l'espace des temps, s'étendre dans l'univers ; reconnoître dans les siècles passés & dans les Nations etrangères, son siècle & son pays. Ainsi L'HÔPITAL retrouva dans sa Patrie les calamités, les conjurations, les proscriptions qui avoient autrefois ensanglanté la Capitale du monde ; des Sylla, des Marius, des Octave, des Antoine, & tous les Destructeurs du Peuple Romain ; & cette union des Tyrans cimentée par le sang, ce Triumvirat, également funeste à Rome & en France [1].

La Poësie même, cet art sublime lorsqu'il ne se borne pas à être agréable, servit à former son courage : ce ne sont point des sentimens que je prête à mon Héros, ce n'est point une assertion fondée sur des conjectures ; lui-même en est garant, lui-même s'annonce pour le Disciple d'un Poëte Philosophe, qui, au milieu des plaisirs & des débauches de la Cour d'Auguste, fut le plus éloquent Panégyriste de la Vertu. Après quinze siècles révolus, L'HÔPITAL l'entendit lui crier, du fond de l'Italie : *le Défenseur d'une cause juste, immuable, inébranlable dans ses résolutions, voit d'un œil intrépide,*

[1] L'union du Connétable de Montmorency, du Duc de Guise & du Maréchal de Saint-André, porta le nom de Triumvirat.

& la fureur du Peuple, & les menaces des Tyrans, & la foudre des Dieux; l'Univers peut périr, ses débris peuvent frapper & écraser la tête de l'Homme vertueux, mais la Vertu ne peut se démentir. L'élévation, la grandeur de cet homme hypothétique frappa d'admiration le Chancelier DE L'HÔPITAL, qui le prit pour son modèle [1], & de ce moment, cet homme exista.

En célébrant les Lettres & leur influence sur quelques évènemens du seizième siècle, il n'est pas permis de passer sous silence un Génie fameux dans tous les pays où la Vérité a des droits, qui dévoila les erreurs des Sages, inventa la méthode, & ouvrit les portes des Sciences : le Restaurateur de la Philosophie doit recevoir ici nos hommages; mais le grand nom de Bacon ne nous fera point oublier celui du Législateur de la France. Peuple penseur, Nation rivale qui nous disputez & les Sciences & les Arts, & l'Empire & la gloire, ne vous flattez pas d'effacer L'HÔPITAL par un des plus grands Hommes qu'ait connu l'Univers : aux grandes pensées, aux grandes découvertes du Chancelier Anglois, j'oppose les vertus & les actions du nôtre; tout ce que l'un a fait pour l'esprit humain, l'autre l'a fait pour sa Nation. Si nous sommes libres, si la superstition ne par-

[1] Le Chancelier DE L'HÔPITAL avoit pris pour sa devise ces vers d'Horace :

Et si fractus illabatur orbis,
Impavidum ferient ruinæ.

tage pas le Trône de nos Rois ; si cet Empire existe, c'est peut-être à L'HÔPITAL seul que nous le devons. Cependant tant de vertus, tant de grandes actions ne le garantirent point du sort commun à tous ceux qui s'élèvent au-dessus du vulgaire ; on osa l'accuser de ces manœuvres honteuses, qu'emploient des hommes avides & incapables de gouverner, pour parvenir aux dignités où les poursuit le mépris de leurs Concitoyens : une multitude de voix se réunit pour lui reprocher d'être l'Auteur secret d'un Edit qui corrompit l'ordre judiciaire en le divisant, donna des Contradicteurs foibles aux Ministres qui abusoient de l'autorité souveraine, & aux Grands de l'Etat des Juges complaisans [1]. Bientôt on sentit les dangers de cette innovation ; on reconnut que ces grands Corps, dépositaires de nos Lois, doivent être sacrés, éternels, immuables comme elles, & la Nation compta le rétablissement de l'ancien état parmi les plus grands bienfaits de son Souverain.

---

[1] « Le Parlement étoit plus puissant que ne le désiroient les » Gens de Cour, toujours partisans du pouvoir arbitraire ; le » Cardinal de Lorraine persuada au Roi de partager les Présidens » & les Conseillers par Semestre... Cette innovation s'établit le 2 » Juillet 1554. Trois ans après on en reconnut les abus ; on s'a» perçut que la division en deux Semestres diminuant le nombre » des Magistrats en fonction, les Conseillers des Enquêtes mon» toient à la Grand'Chambre avant d'avoir acquis l'expérience né» cessaire, & qu'au lieu de rétablir la discipline & la dignité du » Parlement, on détruisoit l'une & l'autre ». (de Thou).

Pour

Pour moi, dans ces projets mal formés & pernicieux, je ne puis reconnoître le Chancelier DE L'HÔPITAL, & je n'attribuerai point sans preuves une idée fausse à un homme de génie, & à un homme vertueux une institution fatale à sa Patrie ; j'en crois plutôt la douleur mortelle dont cette accusation le pénétra [1] ; j'en crois les seuls témoins irréprochables, ses actions, & je trouve sa justification dans chaque moment de sa vie.

Il faut que notre siècle sache, & qu'il apprenne aux siècles qui le suivront, que, dans un temps où le désir effréné des richesses avoit mis un prix à tout, même à la probité, tandis que cette passion n'étoit arrêtée que par l'impuissance de se satisfaire, il exista en France un Homme qui, élevé aux premières dignités, ayant en ses mains la fortune publique & le sort du Royaume, vécut & mourut pauvre. Oui, L'HÔPITAL fut pauvre [2]. Que ce titre,

---

[1] « Mes mœurs & toute ma conduite n'ont pu parler assez haut » en ma faveur pour repousser leurs lâches traits. Qu'une vile com» plaisance pour les Grands, ou que des haines particulières aient » pu déterminer mes démarches, je vous en prends à témoins, vous » tous avec qui j'ai exercé les Emplois que vous remplissez aujour» d'hui. Jamais ces honteux motifs ont-ils rien pu sur moi ! & ce» pendant on cherche à jetter le désespoir dans mon cœur, à me » donner de l'horreur pour la vie ». (Lettre du Chancelier DE L'HÔPITAL).

[2] « La médiocrité de sa fortune .... étoit telle, que sans le » secours du Roi, qui ne pouvoit se défendre de le respecter, il » n'eût pas eu de quoi subsister avec sa famille ». (Vie du Chancelier DE L'HÔPITAL).

auquel des mœurs corrompues ont attaché une idée d'inconſidération & même de mépris, eſt noble & grand, lorſqu'il ſe trouve réuni aux dignités !

Peut-être cependant faut-il moins de force & de courage pour faire des ſacrifices perſonnels, que pour ſe refuſer au ſentiment qu'inſpire le malheur : mais cette fermeté, cette réſiſtance ſont les ſeules barrières qu'ait le Peuple contre l'oppreſſion ; & tout don que n'avoue pas la juſtice, eſt un vol fait à la Nation. L'Hôpital ſçut porter ces chaînes ſacrées qu'impoſe une probité rigide, & dont une ame ſenſible connoît le poids ; il s'interdit le plaiſir d'obliger, & ne ſe permit de ſervir que l'Etat.

Il ſe peint lui-même luttant contre les manœuvres de la cupidité ; inſenſible à une haine injuſte [1] ; irréconciliable ennemi de cette foule mépriſable & dangereuſe qui aſſiége les Palais des Rois, de ces vils intrigans, qui n'ayant pas même le prétexte de demander une récompenſe, oſent cependant ſolliciter des grâces. Je crois l'entendre dire à un de ces hommes lâches & avides [2] : Tu veux de l'or, je vais te ſatisfaire,

---

[1] (Lettre du Chancelier de l'Hôpital au Chancelier Olivier). « Je me rends odieux à bien des gens, écrivoit-il à Olivier, par » l'exactitude avec laquelle je veille à ce qu'on n'envahiſſe pas les » deniers du Roi. On voit avec un dépit amer que les vols ne ſe font » plus impunément ; que j'établis de l'ordre dans la recette & dans » la dépenſe ; que je refuſe à payer des dons légèrement accordés, » ou que j'en renvoie le payement à des temps plus heureux ».

[2] (Lettre du Chancelier de l'Hôpital au Chancelier Olivier).

fuis-moi : vois cette contrée ingrate & stérile ; ces maisons en ruine, ces Habitans pâles, exténués, race abâtardie qu'a dégradé le malheur ; je te livre cette contrée entière ; tout ce qui peut servir à la subsistance ou à la jouissance des hommes, l'autorité te le donne ; c'est-là, c'est parmi ces ruines que tu trouveras cet or, l'objet unique de tes vœux ; c'est avec la sueur & le sang de ces malheureux que tu paieras un goût, un caprice, un plaisir imaginaire ou criminel, un vice de plus : que les larmes & le spectacle de la misère ne t'arrêtent point ; entre dans cette chaumière, enleves-en les débris ; arrache à ce pauvre, à sa femme, à ses enfans, ces lambeaux dégoûtans qui couvrent leur nudité, ces morceaux d'un pain noir & corrompu qui effraie ta délicatesse, & qui manque à leur faim dévorante. . . Tu frémis ! . . . . Apprends que l'Etat n'a point d'autre moyen de te gratifier ; vois le nombre de tes victimes, connois les crimes qu'exigent tes sollicitations odieuses, & juge toi-même si ton Roi doit être ton complice.

Puisse la plainte de l'indigence parvenir, à l'aide du nom de L'HÔPITAL, jusqu'aux Tyrans, qui, sous divers titres, & dans divers rangs,

« Vous connoissez cette espèce d'hommes qui nous vient de la Cour, » leur avidité, leur lâche effronterie ; que ferai-je ? Dois-je préférer » leur amitié déshonorante à ce que me prescrivent mes obligations » envers le Roi, mon amour pour ma Patrie. Eh bien donc ! qu'ils » engloutissent tout, & le Soldat sans paye ravagera nos Provinces » pour subsister, & l'on foulera le Peuple par de nouveaux impôts ».

couvrent & désolent la surface de la terre ; que le cri de la douleur trouble leurs tranquilles plaisirs, & leur indifférence cruelle sur le sort du Peuple ; qu'ils sachent enfin que le pauvre a le droit de leur demander compte de ses malheurs, & que même en ce moment il le leur demande par ma voix !

Puisse aussi l'Eloge DE L'HÔPITAL frapper ces Juges barbares, qui punissant l'erreur comme le crime, déshonorent les Tribunaux, leur siècle & leur Patrie [1] ; qu'ils voient toujours L'HÔPITAL au milieu d'eux ; qu'ils l'entendent leur reprocher, comme il fit autrefois, l'assujettissement à des préjugés héréditaires, & l'horreur des meurtres juridiques !

Puisse encore cet Eloge toucher ces Juges lâches & timides, qui craignent des Courtisans & n'osent être des Magistrats ! Qu'ils se rappèlent cette cabale audacieuse, qui maîtresse de la Cour, calomnia un Prince du sang de nos Maîtres ; les preuves suppléées par des intrigues, l'intégrité menacée, les Grands forcés de souscrire un Arrêt qu'avoit porté la haine, il fallut alors que le Chancelier fût le complice ou la victime de cette faction. Quel fut son choix ? Vous ne le demanderez point, vous qui m'avez suivi dans le récit des actions de ce grand Homme ; il reste seulement à vous

[1] Arrêt en 1562, ordonne à tous les Catholiques de prendre les armes, de sonner par-tout le beffroy, de poursuivre les Protestans, & de les tuer sans crainte d'être punis.

apprendre que son suffrage balança celui de tous les Juges, & que le poids de son opinion suspendit la consommation d'une atrocité. Cependant un évènement inopiné change la face des affaires; François II meurt, le Prince de Condé est justifié [1]. Les amis qui l'avoient lâchement abandonné, s'empressent lâchement auprès de lui, & L'HÔPITAL a pour récompense de sa fermeté celle qui seule peut le satisfaire, la certitude d'avoir été juste.

Il est donc vrai que la vertu n'est point un nom, qu'elle peut habiter les Cours; que parmi les hommes destinés à gouverner le Peuple, l'humanité, la justice & les Lois ont des Défenseurs & mêmes des Martyrs. Mais un acte de courage plus rare encore que le sacrifice de la faveur des Rois, un genre de magnanimité qui peut-être est le dernier terme de la force humaine, c'est l'audace de contrarier le vœu de sa Nation, & de s'exposer à sa haine pour la servir; c'est à ces traits qu'on reconnoît le caractère sublime de L'HÔPITAL.

Supérieur aux évènemens, tranquille, inébranlable au milieu de la fureur & du choc des Partis, & de la destruction prochaine de cet Empire, il s'élève au dessus de tout ce qui l'entoure, & brave, pour l'intérêt de l'Etat, les opinions, les préjugés, les affections; il

---

[1] Arrêt du Parlement de Paris du 13 Juin 1561, déclare le Prince de Condé innocent, & lui permet de poursuivre ses accusateurs.

résiste au Clergé, à la Magistrature, à son Roi [1], s'opposant seul à tous les Partis, parce que le bien public seul n'avoit point de Parti : il voit l'injustice de ses Concitoyens avec cette fermeté que donne la conscience d'une cause juste, avec cette indifférence qu'un homme instruit par l'expérience a pour les cris & les plaintes d'enfans aveugles sur leurs intérêts ; enfin avec l'indulgence d'un Philosophe qui, dans les fureurs des hommes, reconnoissant les foiblesses de l'humanité, pardonne au méchant qui l'attaque & ne peut l'offenser [2].

Des Fanatiques l'accusèrent d'Athéïsme, parce qu'il ne croyoit pas qu'un Dieu fût injuste & furieux comme eux. Des Magistrats proposèrent de le décréter [3], parce qu'il avoit fait respecter la première des Lois, la Loi naturelle [4]; le Peuple injuste & abusé se dé-

---

[1] « Le Légat demandoit des Lettres-Patentes qui confirmassent » ses pouvoirs ; L'Hôpital s'y opposoit . . . Le Légat obtint du Roi » les Lettres qu'il demandoit, sous cette condition qu'il ne feroit » point usage de ces pouvoirs ; mais le Chancelier refusa de les » sceller. Le Cardinal eut encore assez de crédit pour lui en faire » donner un ordre exprès du Roi. L'Hôpital alors obéit : mais il » mit sous le sceau cette protestation, SANS MON CONSENTEMENT.

[2] « Tandis que j'emploie & mon temps & mes veilles à éloigner » ce malheur de dessus nos têtes, j'excite contre moi un soulève- » ment général : mais je méprise également & leur blâme, & leur » estime ». (Lettre du Chancelier DE L'Hôpital).

[3] Mémoires de Condé.

[4] Ordonnance d'Avril 1561, adressée aux Gouverneurs & Commandans. « Ordonnoit de rendre la liberté à tous ceux qui avoient

clara contre ſon plus zélé Défenſeur [1], & le Souverain exila le plus juſte des Magiſtrats & le plus grand des Miniſtres [2].

L'ingratitude, l'oubli, la haine, les malheurs, les perſécutions, telle eſt la récompenſe de ceux qui oſent dire la vérité aux Rois, qui devancent leur ſiècle par leurs lumières, ou qui s'oppoſent aux égaremens du Peuple. Fénelon a été diſgracié; Catinat a été oublié dans ſa retraite; Deſcartes a été méconnu dans ſa Patrie & perſécuté dans une République; l'adminiſtration de Sully a été ſuſpectée; la pompe funèbre de Colbert a été troublée par des inſultes; d'Agueſſeau a connu les revers & le malheur; & il étoit dans l'ordre des évènemens, que L'HÔPITAL eût contre lui Charles IX & ſes Contemporains. C'eſt à la poſtérité qu'il appartient de juger, de venger & d'honorer la vertu.

Quiconque a ſu vivre ſait auſſi mourir; & dans les grands Hommes, tout, juſqu'au der-

---

» été arrêtés pour cauſe de Religion... les aſſurant qu'ils n'auroient » rien à craindre pour leurs vies & pour leur liberté, pourvu qu'ils » vécuſſent en Catholiques, & ſans ſcandale; permettoit à ceux qui » ne voudroient pas reſter dans le Royaume à ces conditions, de » vendre leurs biens, & de ſe retirer ailleurs ». (de Thou).

[1] « Dans le feu des diviſions que les diſputes de Religion allu» mèrent dans l'Etat, il (le Chancelier DE L'HÔPITAL) fut en fort » mauvaiſe réputation à la Cour, & dans tout le Royaume ». (de Thou).

[2] » Le Chancelier DE L'HÔPITAL, qui donnoit des conſeils paci» fiques, fut exilé & relégué dans ſa maiſon de Vignay ». (Mezeray).

nier ſoupir, porte l'empreinte du caractère. Le Chancelier DE L'HÔPITAL mourant eſt encore pour nous un objet d'admiration : on le voit expirer avec cette magnanimité, que fortifient la conviction de la petiteſſe des intérêts qui nous agitent, & l'aſpect de l'éternité; ſes dernières idées, ſes derniers ſentimens ſont conſacrés à ſon Prince, à l'Etat, à la Divinité. Ces momens, où toute diſſimulation ceſſe, confondirent la calomnie & juſtifièrent ſa foi [1]. Son génie s'étoit toujours occupé du grand Etre, comme de l'objet le plus ſublime de la penſée; ſa vertu lui faiſoit chérir une Religion ſainte & pure, qui protége la morale & conſacre les devoirs; ſon amour pour la Patrie l'attachoit à ces vérités qui, ſupérieures à la raiſon, plus puiſſantes que les Lois, en éterniſant l'exiſtence, ſervent l'humanité, conſolent la miſère, montrent aux Rois injuſtes un Juge & des ſupplices.

Sa carrière longue, ſuivant le cours ordinaire de la nature [2], mais que le Ciel n'eût jamais terminée, s'il eût conſulté les intérêts de la France, fut abrégée par la douleur que lui cauſa la calamité publique; & l'Arrêt de proſcription qui fit couler des flots de ſang Fran-

---

[1] « Il fit un teſtament, dans lequel, après avoir rendu compte » de ſa vie, il laiſſa des témoignages de ſa piété envers Dieu, de » ſon amour pour ſa Patrie, & de la force d'eſprit qu'il conſerva juſ- » qu'au dernier ſoupir ». (de Thou).

[2] Il mourut âgé de ſoixante-douze ans.

çois, fut le coup mortel qui nous priva de ce grand Homme [1].

Pourquoi faut il que la néceſſité de faire connoître le dernier évènement mémorable de la vie DE L'HÔPITAL force à rappeler à un ſiècle dont l'humanité eſt le caractère dominant, à une Nation douce, tendre & ſenſible, que nos pères ont été des barbares? Que n'eſt-il poſſible de ſuivre le vœu d'un grand Magiſtrat, & de retrancher des Annales de la France [2] ce jour terrible, ce jour d'horreur que je n'oſe nommer?

O temps affreux! ô malheureux Royaume! des Prêtres fanatiques, un Peuple aveugle, des Grands ambitieux & pervers, une Femme perfide & atroce, un Prince jeune, égaré, furieux, tout conſpira pour notre perte, notre malheur & notre honte; le meurtre fut permis ou plutôt ordonné, & la moitié de la Nation égorgeant l'autre, ſe vantoit d'obéir à ſon Dieu & à ſon Roi.

L'HÔPITAL dans ſa retraite apprit ces horreurs & en frémit; il avoit ſervi l'humanité, la raiſon, l'Etat & ſon Maître, il ne pouvoit manquer d'ennemis, ils accourent. Déjà leurs cris ſe font entendre; ils parviennent juſqu'à lui, & il ne cherche point à diſputer ſa vie: dans cette

---

[1] « On juge aiſément de l'effet que produiſirent ſur lui ces dernières révolutions. Il ne leur ſurvécut pas long-temps, bientôt il ſentit la mort s'approcher. (Vie du Chancelier DE L'HÔPITAL).

[2] Le Préſident de Thou dit, au ſujet du maſſacre de la Saint-Barthelemi : *excidat illa dies* !

calamité il croit avoir assez vécu ; lui-même fait tomber les barrières qui le séparent des meurtriers [1], & se présente à leurs coups avec ce caractère de majesté, que la renommée semble imprimer sur le front des Hommes célèbres. O vertu! quel est ton pouvoir, si le crime même te rend hommage? Un Roi qui trempoit ses mains dans le sang de ses Sujets, craint que l'Europe lui reproche celui de L'HÔPITAL : un ordre arrive de l'épargner, & l'insolence des assassins annonce qu'ils pardonnent ; sa grande ame en est indignée : *J'ignorois*, dit-il, *que j'eusse mérité ni la mort ni le pardon* [2].

Non, l'indulgence & la honte ne sont pas faites pour toi, la mort même doit te respecter ; noble & vertueux Citoyen, digne & grand Ministre de nos Rois, génie prodigieux, Homme sublime, tu ne mourras point ; & quand le terme fatal aura privé la Terre de ta présence, tu vivras dans la mémoire des hommes, & dans le cœur des François. Tant que ce Royaume existera, on se souviendra de ce qu'il te doit, & ton nom sera cher & révéré : malgré la révolution des temps & la vicissitude des évènemens, tes Lois révoquées ou enfreintes subsisteront dans le Code François, & leur vigueur inculpera la foiblesse des siècles qui les suivront.

Puisse ton ame immortelle, si elle est encore

[1] Se la petite n'est bastante pour les faire entrer, que l'on ouvre la grande ». (Vie du Chancelier DE L'HÔPITAL).

[2] Brantome.

ſuſceptible de quelqu'affection pour les choſes terreſtres, être ſenſible à nos hommages! Que ton génie préſide aux deſtinées de cet Empire, & que la Vertu qui eſt aujourd'hui ſur le Trône, ſoit toujours dirigée par des Miniſtres qui te reſſemblent!

APPROBATIONS.

J'ai lu ce Diſcours, & je n'y ai rien trouvé qui fût contraire à la Foi & aux Mœurs. A Paris, ce 2 Juin 1777. ADHENET, Docteur de la Maiſon & Société de Sorbonne.

J'ai lu le même Diſcours, dans lequel je n'ai rien trouvé de contraire à la Foi ni aux Mœurs. A Paris, ce 5 Juin 1777. RIVIERE, Docteur de la Maiſon & Société de Sorbonne.

www.ingramcontent.com/pod-product-compliance
Lightning Source LLC
La Vergne TN
LVHW010057230826
846091LV00005B/1977

* 9 7 8 2 0 1 1 7 6 0 1 0 4 *